Volker Fritz, Gerhard Kraft,
Esther Richter, Wolfgang Koch

Vieles ist neu 1

Religion im ersten und zweiten Schuljahr

Gestaltung und Illustrationen
von Stefan Heß

Persen Verlag

Inhalt

3 Ich bin ein Geschöpf Gottes

16 Jesus – Gott kommt zu uns

36 Familiengeschichten

66 Wir glauben

Die Zulassung in den einzelnen Bundesländern ist aus den jeweils gültigen Lernmittellisten/Schulbuchlisten zu ersehen. In Zweifelsfällen gibt der Verlag gerne Auskunft. Für Baden-Württemberg ist das Buch auch im Blick auf die Bildungsstandards 2004 zugelassen.

Gedruckt auf umweltbewusst gefertigtem, chlorfrei gebleichtem und alterungsbeständigem Papier.

1. Auflage 2005

Layout, Satz und Illustrationen: Stefan Heß, Ehrenkirchen
Druck und Bindung: Ludwig Auer GmbH, Donauwörth
ISBN 3-8344-**4200**-3

Ich bin ein Geschöpf Gottes

Mein Name ist
in Gottes Hand geschrieben

Gott sagt:
Fürchte dich nicht,
ich habe dich erlöst.
Ich habe dich bei
deinem Namen gerufen:
Du bist mein.
Ich habe dich lieb.

Male ein Herz
mit einem Bild von dir.

Lerne die Bibelverse
auswendig.
Überlege dir dazu
passende Bewegungen.

Meine Familie – meine Verwandten

Du lebst nicht allein.
Alle, die mit dir zusammen leben,
gehören zu Gottes großer Familie.

Meinem Gott gehört die Welt,
meinem Gott das Himmelszelt,
ihm gehört der Raum, die Zeit,
sein ist auch die Ewigkeit.

Und sein eigen bin auch ich.
Gottes Hände halten mich
gleich dem Sternlein in der Bahn;
keins fällt je aus Gottes Plan.

Male ein Bild von deiner Familie.
Klebe darüber einen Sternenhimmel.

Wie sprecht ihr in der Familie
von Gott?

Meine Freunde

Gott sagt zu dir: „Ich hab dich lieb
und wär so gern dein Freund.
Und das, was du allein nicht schaffst,
das schaffen wir vereint."

Fahre deine Hand mit einem Stift nach. Schneide sie aus und schreibe deinen Namen darauf.

Schenke deine Hand einem Kind aus deiner Klasse.

Kinder dieser Welt

Schwarze, Weiße, Rote, Gelbe –
Gott hat sie alle lieb.

Schreibe den Satz:
„Gott hat sie alle lieb“
in die Mitte eines Blattes.
Drucke deine Hand mit
verschiedenen Farben
in jede Ecke des Blattes.

Sprecht über die Kinder
auf dem Bild im Buch.

Unter Gottes Regenbogen

Unter dem Regenbogen
hat Gott zu Noah gesagt:
„Solange die Erde steht,
soll nicht aufhören
Saat und Ernte,
Frost und Hitze,
Sommer und Winter,
Tag und Nacht."

Lerne den Satz auswendig.
Klebe mit Wollfäden einen Regenbogen in dein Heft.
Schreibe den Satz darunter.

Andere glauben anders

Hanna und Alex gehen
in den evangelischen Religionsunterricht.
Maria und Mario gehen
in den katholischen Religionsunterricht.

Sie gehen auch in verschiedene Kirchen.
Es gibt evangelische und katholische Kirchen.

Miriam und David gehen
am Sabbat in die Synagoge.

Abdul und Aische nennen Gott: Allah.
Sie gehen in eine Moschee.

Nico hat noch nichts von Gott gehört.

Aber Gott hat alle lieb:
Hanna und Alex,
Maria und Mario,
Miriam und David,
Abdul und Aische,
Nico und …,
dich und mich.

Gott hält die ganze Welt in seiner Hand.
Gott hält die Großen und die Kleinen
in seiner Hand.
Gott hält die Welt in seiner Hand.

Singt das Lied.

Setzt für „die Großen und die Kleinen" Namen von Kindern aus eurer Klasse ein.

Gottes Liebe hat viele Namen

Gottes Liebe ist wie die Sonne.

Gott ist wie eine gute Mutter.

Gott ist wie ein guter Vater.

Gottes Segen ist wie ein großer Schirm.

Gottes Hand hält uns.

Gott ist wie ein Licht auf unserem Weg.

Wähle einen Satz aus und lerne ihn auswendig.

Überlege dir eine Bewegung dazu und lass deine Mitschüler raten.

Jesus sagt zu seinen Freunden:
„Siehe, ich bin bei euch alle Tage.
Erzählt es allen Menschen.
Gott liebt diese Welt.

Teile mit dem Hungrigen.
Sprich mit dem Traurigen.
Spiele mit dem Einsamen.
Hilf dem, der dich braucht.“

Gestalte einen Wochenkalender.
Schreibe auf jedes Blatt
ein Wort des Satzes:

Siehe, ich bin bei euch alle Tage.

Mit Jona lernen

Gott braucht Jona.
„Geh in die Stadt Ninive!"
Aber Jona läuft weg.

Gott ruft wieder nach Jona.
Da merkt Jona:
Ich kann Gott nicht davonlaufen.

Wolltest du auch schon einmal weglaufen? Erzähle davon!
Was Jona sich dabei wohl gedacht hat?

In der großen Stadt Ninive
sagt Jona den Menschen:
„Gott will, dass ihr Gutes tut.
Hört auf mit dem Bösen.
Sonst macht euch das Böse kaputt.“

Die Menschen in Ninive erschrecken.
Sie bereuen, was sie getan haben.
Sie ändern sich.

Und Gott straft sie nicht.

Jona findet das nicht gut.
Aber Gott sagt zu ihm:
„Ich habe alle Menschen lieb,
auch wenn sie Böses getan haben.“

**Singt ein Freudenlied
von Gottes Liebe
und tanzt dazu.**

Mein Dankgebet

Du liebst mich, du brauchst mich,
du bist für mich da,
auch wenn ich traurig bin.
Danke, guter Gott.

Dass ich singen kann und mich freuen,
ich danke Dir.
Dass ich lachen kann und mich freuen,
ich danke Dir.
Dass ich .... kann und mich freuen,
ich danke Dir.

Ein Knabe bringt fünf Brote
und zwei Fische
und gibt sie Jesus.

Jesus dankt Gott für das Brot.
Er teilt es aus.
Alle sollen satt werden.

Danket dem Herrn,
denn er ist freundlich.
Und seine Güte währet ewiglich.

Jesus – Gott kommt zu uns

Gott braucht dich

Engel sind Boten Gottes.
Sie bringen den Menschen
Gottes gute Nachrichten.

Keiner weiß, wie sie aussehen.
Aber wenn sie da waren,
dann sagen wir oft:
„Das ist ein Engel gewesen.“

Dann wissen wir:
Gott war uns ganz nahe.

Wenn du etwas Schweres tun sollst, wie fühlst du dich dann?

Singt die Liedstrophe auf Seite 5.

Ein Engel kommt zu Maria.
Maria erschrickt.

Der Engel sagt:
„Gott hat dich auserwählt.
Du sollst die Mutter von Jesus werden!“

Maria wundert sich:
Gott braucht mich!
Mich – eine einfache Frau!

Sie sagt:
„Ich bin bereit.“

Der Weg nach Bethlehem

Der Kaiser Augustus hat befohlen:
Alle müssen in den Ort,
wo sie geboren sind.

Ein weiter Weg für Maria und Josef:
Viele Tage und Nächte sind sie unterwegs,
von Nazareth nach Bethlehem.

Ein schwerer Weg für Maria:
Sie trägt das Jesuskind in sich.
Bald wird es zur Welt kommen.

Ein wichtiger Weg:
In den alten Büchern der Propheten steht es:
In Bethlehem wird er zur Welt kommen,
der Christus,
der Retter,
der Erlöser.

Auch heute leben
Menschen in Armut.
Erzählt davon!

In Kälte und Armut
kommt das Jesuskind zur Welt.

Es liegt in Windeln gewickelt
in einer Futterkrippe.

Hirten in der Nacht

Die Leute schimpfen:
„Hirten sind Lumpengesindel!"

Hirten sind sehr arm.
Es geht ihnen schlecht.

Kennst du Menschen, denen es schlecht geht? Schreibe ihren Namen in ein Herz.

Überlege, was du ihnen Gutes sagen und tun kannst.

Aber in dieser Nacht
kommt der Engel Gottes zu ihnen.

Er sagt:
„Habt keine Angst!
Euch ist heute der Heiland geboren,
Christus, der Retter!"

Auf der Flucht nach Ägypten

Nicht alle freuen sich
über die Geburt von Jesus in Bethlehem.
König Herodes hat Angst.

Er sagt:
„Ein neuer König ist in Bethlehem geboren?
Wo ist er?
Keiner darf mächtiger werden als ich.
Alle kleinen Jungen in Bethlehem müssen sterben."

Josef und Maria fliehen mit dem Jesuskind
nach Ägypten.

Gott ist mit ihnen.

**Auch heute gibt es Kinder,
die fliehen müssen.
Was wisst ihr darüber?**

Jesus sucht Menschen

Jesus weiß:
Gott hat mir einen Auftrag gegeben.
Ich will den Menschen sagen:
„Gott hat euch lieb!
Gott ist euch nahe!“

Simon und Andreas,
Jakobus und Johannes
und noch viele Männer und Frauen
hören Worte von Jesus.

Sie gehen mit.
Sie vertrauen Jesus.

Simon, Andreas, Jakobus und Johannes sind mit Jesus gegangen. Andere sind zu Hause geblieben.

Kannst du dir denken, warum?

Levi sitzt am Stadttor.
Er nimmt den Leuten Steuern ab,
viele Steuern.
Manche haben kaum noch Geld genug,
um Essen für die Kinder zu kaufen.
Sie schimpfen über Levi.

„Der gehört nicht zu uns, den mögen wir nicht.
Den mag nicht einmal Gott!“ So reden die Leute zu Jesus.

Jesus geht auf Levi zu.
„Geh mit mir. Auch du gehörst zu Gott!“

Die Leute staunen.
Warum tut Jesus das?

Jesus erzählt von Gott

Viele Menschen kommen zu Jesus.
Er erzählt ihnen:

„Gott ist zu euch wie ein guter Vater,
wie ein guter Freund,
wie ein guter Hirte."

Erzähle die Geschichte, die du auf dem Bild siehst.

Kennst du noch andere Namen für Gott?

Der Herr ist mein Hirte,
mir wird nichts mangeln.

Er weidet mich auf einer grünen Aue
und führet mich zum frischen Wasser.

Er erquicket meine Seele.
Er führet mich auf rechter Straße
um seines Namens willen.

Und ob ich schon wanderte im finstern Tal,
fürchte ich kein Unglück;
denn du bist bei mir,
dein Stecken und Stab trösten mich.

Du bereitest vor mir einen Tisch
im Angesicht meiner Feinde.
Du salbest mein Haupt mit Öl
und schenkest mir voll ein.

Gutes und Barmherzigkeit werden mir folgen
mein Leben lang,
und ich werde bleiben
im Hause des Herrn immerdar.

Jesus und die Kinder

Jesus nimmt die Kinder in den Arm.
Er legt die Hände auf ihren Kopf,
segnet sie und sagt:
„Gott ist bei euch.
Habt keine Angst!"

Gott ist bei dir:
das ist Segen.
Du kannst mit Gott reden.
Gott hört dir zu.

Macht zusammen ein Klassenbild:
„Wir Kinder kommen zu Jesus"

Was macht dir Angst?
Was nimmt dir die Angst?

Denk dir ein Gebet aus.

Jesus hilft in der Angst

Die Freunde sind mit Jesus
auf dem See.
Alle sind im Boot.
Da kommt ein gewaltiger Sturm.
Die Wellen drohen.
Wasser bedeckt das Boot.
Die Freunde schreien.
„Wo ist Jesus?“

Jesus schläft.
Sie wecken ihn.
„Hilf uns! Wir gehen unter!“,
rufen sie.
Jesus steht auf.

Der Sturm wird still.

Menschen vertrauen Jesus

Bartimäus ist blind.
Er vertraut Jesus.
Er ruft:
„Jesus, hilf mir!“

Jesus hört ihn.

Es wird hell um Bartimäus.
Bartimäus kann sehen.
Er geht mit Jesus.

Wie fühlst du dich, wenn es dunkel ist? Was tust du?

Vier Freunde kommen zu Jesus.
Auf einer Trage bringen sie ihren
gelähmten Freund.

Jesus schaut ihn freundlich an.
Er sagt zu ihm:

„Gott hat dich nicht vergessen.
Gott liebt dich – wie du bist.

Steh auf, nimm deine Trage und geh!“

Und der gelähmte Mensch geht.
Er ist heil.

Der Gelähmte freut sich.
Bewege dich wie er.
Erzähle seine Geschichte nach.

Jesus der Christus lebt

Die Freunde von Jesus sind traurig.
Er ist nicht mehr bei ihnen.
Er ist tot.

Frauen gehen zum Grab.

Sie erschrecken: Das Grab ist leer.

Ein Engel sagt zu ihnen:
„Jesus lebt!
Geht, sagt es allen Freunden,
sagt es Petrus und den anderen:
Jesus lebt!
Ihr werdet ihm begegnen.
Er kommt zu euch!“

Gestaltet eine kleine Osterfeier.
Ladet eine andere Klasse dazu ein.

Stellt die Geschichte
mit Musikinstrumenten dar.

Gottes Geist macht Menschen froh

Pfingsten ist ein großes Fest in Jerusalem.
Aus vielen Ländern kommen Pilger in die Stadt.
Sie feiern: Gott ist uns nahe.
Gott hat uns seine Gebote geschenkt.

Auch die Freunde von Jesus sind in der Stadt.
Sie haben sich eingeschlossen.
Sie fürchten sich.

Sie erinnern sich:
Vor sieben Wochen ist Jesus
am Kreuz gestorben
und auferstanden.

Da durchfährt es sie plötzlich
wie ein Blitz vom Himmel:
„Wir brauchen keine Angst zu haben!
Jesus Christus ist bei uns.
Er gibt uns Kraft."

Gestaltet ein Pfingstbild.
Tanzt ein Halleluja-Lied!

Sie öffnen Türen und Fenster.
Gottes Geist ist mit ihnen.
Sie erzählen auf den Straßen von Jesus.

„Jesus lebt.
Gott hat ihn zum Leben erweckt.
Alles kann gut werden!“

Die Menschen staunen.
Viele verstehen,
was die Freunde sagen.
Obwohl sie in einer anderen Sprache reden.

„Halleluja,
Jesus Christus lebt!“

Wir beten

Guter Gott,
dass Du mich magst – ich danke Dir;
dass Du mich brauchst – ich freue mich;
dass ich Fehler machen darf – ich danke Dir;

dass ich zu Dir reden kann – ich freue mich;
dass Du mir zuhörst – ich danke Dir;
dass Du zu mir hältst – danke, guter Gott.

Amen

Jesus hat seinen Freunden ein Gebet gegeben:

Vater unser im Himmel!
Geheiligt werde Dein Name.
Dein Reich komme.
Dein Wille geschehe,
wie im Himmel so auf Erden.
Unser tägliches Brot gib uns heute
und vergib uns unsere Schuld,
wie auch wir vergeben unseren Schuldigern.
Und führe uns nicht in Versuchung,
sondern erlöse uns von dem Bösen.
Denn Dein ist das Reich
und die Kraft
und die Herrlichkeit in Ewigkeit.
Amen.

Familien-geschichten

Gott macht Mut

Sara:
Es ist schon spät am Abend.
Ich warte auf Abraham, meinen Mann.
Er ist bei unseren Tieren und Hirten.
Ich bin oft allein.
Wenn ich nur Kinder hätte.

Abraham: Sara, Gott hat zu mir gesprochen.
Du sollst ein Kind bekommen.

Gott hat gesagt:
Abraham, geh aus deinem Vaterland
und von deiner Verwandtschaft
und aus deines Vaters Haus
in ein Land, das ich dir zeigen werde.

Ich will dich
zu einem großen Volk machen
und will dich segnen.
Ich will deinen Namen groß machen
und du sollst ein Segen sein
für andere Menschen.

Überlege,
was Abraham Mut macht.
Was macht dir Mut?

Unterwegs

Abraham und Sara
sind schon viele Tage unterwegs.
Sie haben ihre Schafe, Ziegen und Rinder mitgenommen,
auch alle ihre Hirten mit den Frauen und Kindern.
Immer wieder betet Abraham zu Gott.
Er fragt nach dem rechten Weg.

Legt mit Tüchern eine Landschaft.

**Schreibt auf Sprechblasen,
was Abraham zu Gott sagen könnte.**

Ein Streit bricht aus

Lot, der Neffe von Abraham, zieht mit.
Auch er hat viele Hirten und viele Schafe,
Ziegen und Rinder.

An einem Abend sitzen Lot und Abraham zusammen.
Lot sagt:
„Es gibt immer öfter Streit
zwischen deinen und meinen Hirten.
Das Wasser will nicht reichen.
Es gibt auch nicht genügend Weiden für unsere Tiere."

Abraham antwortet:
„Wir wollen keinen Streit!“

Abraham lässt Lot wählen.
Lot wählt das fruchtbare Land.

Erzählt, wie ihr einen Streit beendet habt.
Spielt die Geschichte
von Abraham und Lot nach.

Überlegt, was Abraham
nach Lots Wahl denken könnte.

Wie die Sterne am Himmel

Sara: Gott hat uns bis hierher geführt.
Aber immer noch habe ich kein Kind, Abraham.

Abraham: Vertrau auf Gott, Sara.
Gott hat uns so vieles geschenkt.
Gott wird uns nicht verlassen.

Sara: Ja, wir haben genug zum Leben.
Aber ich möchte so gerne ein Kind!

Schneide einen Stern aus.
Schreibe Saras Wunsch darauf.

Erzähle, was du dir schon lange wünschst.

Saras Worte
haben Abraham traurig gemacht.

Abraham betet:

„Mein Gott, wenn wir sterben,
haben wir keine Kinder,
keine Erben.“

Gott antwortet Abraham:

„Geh hinaus, Abraham,
und sieh an den Himmel.
Kannst du die Sterne zählen?
So zahlreich werden
eure Nachkommen sein.
Vertrau mir!
Sara wird einen Sohn bekommen!“

Abraham vertraut Gott.

Fremde Gäste

Abraham sitzt im Schatten vor seinem Zelt.
Es ist heiß.
Drei fremde Männer kommen auf ihn zu.

Abraham: Fremde,
lasst euch bei uns nieder!
Ruht euch aus, esst und trinkt!

Fremde: Gerne sind wir deine Gäste.

Abraham geht zu Sara.
Er bittet sie, Brot und Kuchen zu backen.
Dann holt er Butter und Milch.

Sara lacht

Fremder: Wo ist Sara?
Abraham: Im Zelt der Frauen, nebenan!
Fremder: In einem Jahr wird Sara einen Sohn haben!

Sara hört in ihrem Zelt,
was der Fremde sagt.
Sie lacht.

Der Fremde hört es.
Er fragt:
„Warum lacht Sara?
Sollte Gott etwas unmöglich sein?“

Ein Jahr später
bekommen Sara und Abraham einen Sohn.
Sie nennen ihn Isaak,
das heißt: Du bist mein Lachen.
Sie sind sehr glücklich.
Gott hat sein Versprechen gehalten.

Schlüpfe in die Rolle von Sara.
Was denkt sie?

Sprecht ein Dankgebet für die Geburt.

Frage nach der Bedeutung deines Namens.

Gespräche vor dem Zelt

Isaak ist groß geworden.
Er ist erwachsen.
Aus Abrahams Heimat ist Rebekka gekommen.
Sie ist jetzt Isaaks Frau.

Isaak: Erinnerst du dich noch,
als wir uns das erste Mal gesehen haben?
Rebekka: Elieser, euer Verwalter,
hat mich aus Haran zu dir begleitet.
Isaak: Ich war auf dem Feld
und habe mit Gott gesprochen, gebetet.
Rebekka: Und nun sind wir schon so lange verheiratet.
Isaak: Und unsere Kinder, Esau und Jakob,
erinnerst du dich noch: schon in deinem Bauch
haben sie sich gestritten?
Rebekka: Nun sind sie schon fast erwachsen:
Jakob und Esau.
Isaak: Wie unterschiedlich sie doch sind!
Mein Esau, dein Jakob!

Spielt die beiden Brüder.
Beschreibt ihre Unterschiede.

Jakob der Betrüger

Jakob: Einmal kam Esau hungrig von der Jagd.
Ich hatte Linsen gekocht.
Ich habe sie ihm gegeben,
damit er mir sein Recht abgibt, der Ältere zu sein.
Ich wollte der Herr sein über alle.
Ich wollte alles besitzen.
Jetzt habe ich auch noch meinen Vater betrogen.

Rebekka: Jakob, flieh!
Dein Bruder Esau will sich rächen.
Jakob: Ach, Mutter, hätte ich ihn nur nicht betrogen.
Rebekka: Ich bin mit schuldig.
Ich habe dir den Rat gegeben,
deinen Vater und Esau zu betrügen.
Jakob: Ich habe mich immer geärgert:
Esau soll alles bekommen,
nur weil er ein paar Stunden älter ist?
Jetzt habe ich alles verloren.

Rebekka: Gott vergebe uns!
Er begleite dich auf der Flucht!

**Erzähle davon,
wie du reingelegt wurdest.
Wie hast du reagiert?**

Spielt die Geschichte weiter.

Jakob auf der Flucht

Jakob flieht.
Als die Nacht hereinbricht,
legt er einen Stein unter seinen Kopf
und schläft unter dem offenen Himmel.
Er träumt.

Jakob wacht auf.
Gott hat ihm im Traum versprochen:

„Ich bin der Gott deines Großvaters Abraham
und deines Vaters Isaak.
Siehe, ich bin mit dir.
Ich werde dich behüten und begleiten, wohin du gehst.
Ich werde dich auch wieder heimkehren lassen."

Jakob denkt:
Hier ist das Tor zum Himmel.
Wenn ich heil zurückkehre,
will ich an dieser Stelle für Gott ein Haus bauen.

Sucht Steine und schreibt auf sie, was euch Angst macht.

Baut aus den ‚Angst-Steinen‘ einen kleinen Altar. Sprecht ein Gebet.

Jakob der Gottesstreiter

Viele Jahre vergehen.
Jakob lebt bei seinem Onkel Laban
und heiratet Lea und Rahel.
Zwölf Söhne werden ihm geboren – und eine Tochter.
Er besitzt viele Schafe und Ziegen.

Jetzt will er wieder nach Hause ziehen.
Aber noch immer hat er Angst vor Esau.

Er schickt Boten zu seinem Bruder:
„Esau, Jakob kommt in die Heimat zurück.
Nimm ihn freundlich auf.“

Stelle dir vor, du bist Esau.
Was tust du?

Spielt die Begegnung der beiden
ohne Worte nach.

Die Boten berichten:
„Esau kommt dir entgegen.
Er kommt mit 400 Mann."

Da hat Jakob noch mehr Angst.

Jakob betet:

„Guter Gott,
du hast mich begleitet.
Ich bitte dich, beschütze mich.
Ich habe solche Angst.
Bitte, segne mich."

Da kommt auch schon Esau.
Er läuft Jakob entgegen.

**Sprecht darüber,
wie ihr euch versöhnt.**

Jakob trauert um Rahel

Er betet:
„Tröste mich, mein Gott.
Ich bin so traurig.
Ich weine um Rahel.
Ich habe sie sehr lieb gehabt.
Nun ist sie nicht mehr bei mir.
Tröste mich, mein Gott.
Ich hoffe auf Dich.
Du weißt, wie unglücklich ich bin."

Jakobs Bart ist grau geworden.
Rahel, die Mutter seiner Söhne Josef und Benjamin,
ist gestorben.
Jakob hat sie bei Bethlehem begraben
und einen großen Stein aufgestellt.
Unvergessen soll sie bleiben.

Josef, der Liebling des Vaters

Dan, Juda und Naftali hüten Schafe.
Sie sind Söhne von Jakob.

Von weitem sehen sie einen Mann kommen.

Dan: Das muss ein vornehmer Herr sein.
Er hat schöne Kleider an.
Naftali: Das ist ja Josef, unser Bruder!
Wo hat er nur das teure Gewand her?
Juda: He, Josef, bist du vielleicht ein König geworden?
Josef: Der Vater hat den Mantel für mich nähen lassen.

Dan, Juda und Naftali sind neidisch.
Seit Jahren haben sie vom Vater
keine neuen Kleider mehr bekommen.
Aber:
Josef ist Vaters Liebling.

**Spielt den Neid der Brüder nach,
denkt euch aus,
was sie zu Josef sagen.**

Malt den Mantel Josefs.

Josefs Träume

Einmal hat Josef einen Traum.
Er erzählt ihn seinen Brüdern:
„Wir sind miteinander auf dem Feld,
schneiden Getreide
und binden die Ähren zu Garben zusammen.
Plötzlich stellt sich meine Garbe auf
und bleibt stehen.
Eure Garben stellen sich im Kreis
um sie herum und verneigen sich tief
vor meiner Garbe."

Ein andermal erzählt Josef:
„Ich habe im Traum die Sonne gesehen
und den Mond und die Sterne.
Und alle haben sich vor mir verneigt."

Da sagt Jakob zu seinem Sohn Josef:
„Du glaubst wohl,
dass dein Vater und deine Brüder
sich vor dir verneigen werden?"

Male die Träume Josefs.
Erzähle von eigenen Träumen.

Josef in der Tiefe

Wieder sind Josefs Brüder bei den Herden.

Dan: Da kommt Josef schon wieder.
Naftali: Er will uns ausspionieren
und dann dem Vater alles erzählen.
Juda: Kommt, wir schlagen ihn tot.
Wir zerreißen sein schönes Gewand
und sagen dem Vater:
Ein wildes Tier hat ihn gefressen.
Ruben: Nein.
Wir machen ihm nur Angst!
Wir werfen ihn in die Zisterne.
Sie hat ja kein Wasser.

Josef betet:
„Aus der Tiefe rufe ich,
Gott, zu dir.
Höre meine Stimme.
Ich hoffe auf dich."

Eine Karawane zieht vorbei.
Juda sagt:
„Wir verkaufen Josef an die Händler."

Josef muss mit der Karawane nach Ägypten ziehen.

Die Brüder bringen sein schönes Gewand dem Vater.
Es ist voller Blut.
Jakob denkt: Josef ist tot.
Er ist sehr traurig.

Josef ist allein im dunklen Brunnen.
Spielt Josefs Gefühle
mit Musikinstrumenten nach.

Sprich das Gebet Josefs
zusammen mit der Klasse nach.
Lerne es mit Bewegungen auswendig.

Aufstieg und Abstieg

In Ägypten kauft Potiphar Josef als Sklaven.
Josef ist sehr fleißig.

Potiphar macht ihn zum Verwalter
über sein Haus und seine Felder.

Einmal klagt Potiphars Frau:
„Als du weg warst,
war Josef böse zu mir."
Potiphar glaubt seiner Frau.

Er lässt Josef ins Gefängnis werfen.
Josef fragt sich:
Hat Gott mich verlassen?

Josef betet:
„Gott, ich habe große Angst.
Ich bin ganz allein.
Hilf mir!"

Bist du auch schon einmal zu Unrecht beschuldigt oder gar bestraft worden?

Was kann man tun, damit so etwas nicht passiert?

Josef ist im Gefängnis.
Die Tür öffnet sich.
Ein neuer Gefangener wird hereingestoßen:
der oberste Mundschenk des Pharao.
Josef muss ihn bedienen.

Der Mundschenk hat einen Traum:
Ich sah einen Weinstock mit drei Ranken.
Sie blühten auf.
Die Trauben wurden reif.
Ich nahm die Trauben,
presste sie über einem Becher aus
und reichte ihn dem Pharao.

Josef erklärt ihm den Traum:
„In drei Tagen wird dich der Pharao
wieder in dein Amt einsetzen.
Denke dann an mich.
Ich bin ohne Schuld im Gefängnis."

Der Mundschenk ist bald wieder frei.
Er denkt nicht mehr an Josef.
Viele Jahre vergehen.

Der Traum des Pharao

Der Pharao hat einen Traum:

Sieben volle Ähren wachsen
auf einem einzigen Halm.
Dann wächst ein Halm
mit sieben ausgedörrten Ähren.
Die ausgedörrten Ähren
verschlingen die sieben vollen.

Der Pharao fragt.
„Wer kann mir den Traum deuten?"

Der Mundschenk erinnert sich an Josef.
Er sagt zum Pharao:
„Josef kann Träume deuten.
Er sitzt unschuldig im Gefängnis."

Der Pharao lässt Josef
aus dem Gefängnis holen.

Josef: Gott will dir zeigen:
Die sieben vollen Ähren bedeuten,
sieben Jahre lang gibt es gute Ernten.
Dann kommen sieben schlechte Ernten.
Eine große Hungersnot wird herrschen.

Pharao: Was soll ich tun, Josef?

Josef: Sammle das Getreide in den guten Jahren
und bewahre es auf.
Dann hast du in den schlechten Jahren
einen Vorrat.

Pharao: Josef, du bist ein kluger Mann.
Ich mache dich
zu meinem Stellvertreter.
Sammle du das Getreide
in den guten Jahren.

Spielt den unruhigen Pharao, den vergesslichen Mundschenk und Josef, der auf Gott vertraut.

Begegnung mit seinen Brüdern

Die sieben guten Jahre gehen vorbei.
Dann brechen sieben Hungerjahre an.

Von überall her kommen die Hungernden.
Josef teilt das Getreide aus.

Auch Josefs Brüder kommen.
Sie erkennen Josef nicht.
Josef fragt: „Woher kommt ihr?"
Sie erzählen von ihrem Vater Jakob
und dem kleinen Bruder Benjamin.
„Ich möchte ihn sehen", sagt Josef.
„Wenn ihr wiederkommt, bringt ihn mit."

Suche Bilder von Menschen, die Hunger leiden. Gestaltet daraus miteinander ein großes Bild!

Die Hungersnot dauert an.
Jakob schickt seine Söhne wieder nach Ägypten.
Sie nehmen Benjamin mit.

Josef lässt sie in sein Haus führen.
Die Brüder erkennen ihn immer noch nicht.
Sie werfen sich vor ihm nieder.
Josef sieht Benjamin, seinen kleinen Bruder.
Er möchte ihn behalten.

Überlegt miteinander, was Jakob beten kann.

Male ein Bild: Gott hat es gut gemacht.

Die Brüder bekommen Angst.
Sie sagen:
„Wir müssen ihn wieder
mit nach Hause nehmen."

Da antwortet Josef:
„Ich bin Josef, euer Bruder.
Habt keine Angst.
Gott hat mich immer begleitet.
Holt unseren Vater Jakob.
Ihr könnt hier in Ägypten
wohnen und ich
werde für euch sorgen."

Wir glauben

Unsere Kirche

Viele Menschen kommen in die Kirche.
Sie wollen in der Stille sein.
Sie wollen mit anderen zusammen sein.
Sie wollen Gott nahe sein.

Alle sind eingeladen.

Besorge dir ein Bild
von der Kirche deines Wohnortes.

Frage, was in der Gemeinde
für Kinder los ist.

Gestalte ein buntes Kirchenfenster.

Wir feiern Gottesdienst

Wir feiern in der Kirche Gottesdienst.
Wir singen, beten und hören Geschichten
von Gott und Jesus Christus.
Wir denken auch an Menschen, die arm sind
und nicht genug zu essen haben.
Wir sammeln Geld,
um ihnen zu helfen.

Zähle auf, was du auf dem
Bild in der Kirche entdeckst.

Erzähle, was du schon
in der Kirche erlebt hast.

Frage nach Menschen,
die in der Kirche arbeiten.

Taufe

Kind, du bist uns anvertraut.
Wozu werden wir dich bringen?
Wenn du deine Wege gehst,
wessen Lieder wirst du singen?
Welche Worte wirst du sagen
und an welches Ziel dich wagen?

Kampf und Krieg zerreißt die Welt,
einer drückt den andern nieder.
Dabei zählen Macht und Geld,
Klugheit und gesunde Glieder.
Mut und Freiheit, das sind Gaben,
die wir bitter nötig haben.

Freunde wollen wir dir sein;
sollst des Friedens Brücken bauen.
Denke nicht, du stehst allein;
kannst der Macht der Liebe trauen.
Taufen dich in Jesu Namen.
Er ist unsre Hoffnung. Amen.

Meist werden Kinder getauft,
wenn sie noch klein sind.

Manche Menschen lassen sich später taufen.

In der Taufe will Gott uns sagen:
Ich habe euch lieb, so wie ihr seid.
Ich beschütze euch.
Ich begleite euch auf eurem Weg.

Die Pfarrerin oder der Pfarrer sagt:

„Ich taufe dich im Namen des Vaters
und des Sohnes
und des Heiligen Geistes.
Amen."

Warst du schon bei einer Tauffeier dabei?
Erzähle davon.

Bringe ein Bild von deinem Tauftag mit.

Erntedank

Lobe den Herrn, meine Seele!
Herr, mein Gott, du bist sehr herrlich;
du bist schön und prächtig geschmückt.

Du lässt Wasser in den Tälern quellen,
dass sie zwischen den Bergen dahinfließen,
dass alle Tiere des Feldes trinken
und das Wild seinen Durst löscht.

Darüber sitzen die Vögel des Himmels
und singen unter den Zweigen.

Du lässt Gras wachsen für das Vieh
und Saat zu Nutz den Menschen,
dass du Brot aus der Erde hervorbringst,

Herr, wie sind deine Werke so groß und viel!
Du hast sie alle weise geordnet,
und die Erde ist voll deiner Güter.

**Gestaltet mit Instrumenten
die Bilder des Psalms.**

**Sprecht den Psalm gemeinsam
und wiederholt nach jedem Satz
den letzten Vers.
Lerne den letzten Vers auswendig.**

Feiert ein Brotfest.

Advent und Weihnachten

In der Adventszeit freuen wir uns auf
die Geburt von Jesus Christus.
Wir zünden die Lichter am Adventskranz an:
Mit jeder Kerze wird es heller.

Jesus sagt:
„Ich bin das Licht der Welt."

Er macht das Leben hell.

Der Adventskalender begleitet
das Warten auf Weihnachten.
Jeder Tag soll uns daran erinnern:
Jesus ist auf die Welt gekommen,
er hat den Menschen Heil gebracht.
Deshalb wird er in alten Liedern
auch Heiland genannt.

**Singt und tanzt das Lied:
Mache dich auf und werde licht.**

**Sprecht darüber,
wie ihr zu Hause Advent feiert.**

**Schreibe auf oder male,
was für dich zu Advent gehört.**

Nikolaus brachte den Hungrigen Brot.
Er gab den Armen Geld.
Er rettete die Kinder.

Er lebte so,
wie Jesus es uns gesagt hat:

> „Mache dich auf und werde licht,
> denn dein Licht kommt.“

Wir feiern Weihnachten
mit einem Lichterbaum:
Jesus Christus ist das Licht.

Ostern

Eine freudige Nachricht breitet sich aus.
Man erzählt sie weiter von Haus zu Haus.
In den Höfen, auf den Gassen,
auf den Plätzen, durch die Straßen
läuft in Windeseile sie in alle Welt hinaus.
Eine freudige Nachricht breitet sich aus.

Menschen lebten enttäuscht und verzagt,
keiner, der noch zu hoffen gewagt.
Doch da hat einer die Nachricht gesagt:

„Jesus lebt!“

Im vielen Ländern begrüßen sich
die Menschen am Ostermorgen mit dem Ostergruß:

„Christus ist auferstanden,
er ist wahrhaftig auferstanden!“

Viele schenken sich an Ostern bunte Eier.
Wie das Küken
aus dem Ei herauskommt und lebt,
so ist Jesus
aus dem Tod wieder ins Leben gekommen.
Daran sollen die Ostereier erinnern.

Jesus Christus hat den Tod besiegt.
Davon singen Christen bis heute.
Das gebackene Lamm mit der Siegesfahne
ist ein Zeichen dafür.

Sprecht den Ostergruß miteinander.

Male verschiedene Symbole zu Ostern und erzähle von ihrer Bedeutung.

Guter Gott, am ersten Pfingstfest,
hast Du den Menschen
Deinen guten Geist geschickt.
Plötzlich haben sich alle verstanden.

Schicke Deinen guten heiligen Geist auch zu uns,
damit wir uns verstehen,
damit wir in Frieden miteinander leben.
Alle.

Wir brauchen Deine Kraft.

Amen.

Wir feiern Pfingsten

Zu Pfingsten in Jerusalem,
da ist etwas geschehn.
Das ist noch heute wunderbar,
nicht jeder kann's verstehn.

Hört, hört, hört, hört,
nicht jeder kann's verstehn.

Ubi caritas et amor,
ubi caritas Deus ibi est.

Wo die Liebe wohnt und Güte,
wo die Liebe wohnt, da ist unser Gott.

Quellennachweis

Seite 4 **Meinem Gott gehört die Welt**
Text: Arno Pötzsch

Seite 5 **Kindermutmachlied**
Text: Andreas Ebert

Seite 70 **Kind, du bist uns anvertraut**
aus: Fr. K. Barth / G. Grenz / P. Horst (Hrsg.)
Gottesdienst menschlich

Seite 76 **Eine freudige Nachricht**

Seite 79 **Zu Pfingsten in Jerusalem**

Leider ist es uns trotz aller Bemühungen nicht gelungen, zu allen Beiträgen den Rechtsinhaber ausfindig zu machen. Für Hinweise sind Herausgeber und Verlag dankbar.